HUELLAS

LIDIA LETICIA RISSO

WANCEULEN
Editorial

WANCEULEN
Poética

Para los amores más grandes de mi vida: mis padres
Leticia y Oscar, mis hermanas Mirta y Delia,
y mis mascotas amadas Nahuel y Ayûn

Y para mis queridos maestros y guías,
Don Aníbal Ferrer y Don Emilio Pérez Delgado

Comienza el trabajo incesante de mis manos, mientras vuelan las palabras que no se detienen, por temor a perderse en algún camino inconcluso, que a ningún lugar conduce. Continúo la ruta, para plasmar, justo a tiempo, las irresistibles historias de este, mi magistral Universo. Aquellas que fueron bonitas, las gratuitas y de las otras, las que en forma inevitable, marcaron las "HUELLAS" de muchos soles y estrellas. Y un rumbo con alas, que aún rotas, por placer se despliegan.

ÓRBITA CLANDESTINA

El espacio,
se ha escondido,
en una órbita
clandestina
de palabras

Ellas..,
muy necias
murmuran,
mientras perduran,
en la galaxia

Depredan
con agresiones
al universo,
que a campo abierto,
deja entrever
las falacias

El viento
insensato,
provoca destrozos
y los sollozos del sol,
no paran

Las Estrellas
y la luna
permanecen inerte,

y pretendiendo
ser fuertes,
evaden los ruidos
que desvestidos,
pasan....

Pero el meneo
insensato y quejoso,
produce arrebatos
mullidos de gozo

Mientras tanto...,
todo sigue estallando,
alrededor de la tierra
que hace tiempo
que está enferma,
y no desea alborozo

MUNDO DE ARENA

Mundo
de arena
y un paisaje
astillado,
que quema

Y una lágrima
molesta,
se desliza
mestiza,
como una mezcla
de sangre
y sonrisa

Y una brisa
y luego..,
un viento
que azota,
rebota,
mientras juega

Larga
se hace la espera,
por la noche
que no llega

Acudid,
antes
que el día muera

Esperad….,
que tal vez…,
valga la pena

HOY HACE UN MES

Hoy…,
hace un mes
que su mirada
no me mira,
que su ternura,
ya no tengo.

Hoy..,
hace un mes
que el sol
no brilla,
que las estrellas
no alumbran
y que del cielo,
caen..,
solo lágrimas
en forma
incesante

Hoy..,
hace décadas
que mi alma
sufre..,
que mi corazón,
no late
y milenios…,
que mis órganos
reclaman

Hoy..,
nada se amalgama,
los pedazos
de mi cuerpo,
me reclaman
y no tengo voluntad,
para asistirlos

Hoy.., la vida
sigue inexorable
y yo aquí..,
sin encontrar
alivio

Otro dolor,
sobre las mismas
heridas,
otro amor
que se ha marchado
implacable

Y el tiempo..,
que inexplicable,
se sigue sucediendo
y aniquila

LOS DOS POLOS

Los dos polos
sin piedad,
eclosionaron
y en el medio…,
la nada
ha quedado

La invisible
nada,
de los sueños
todos

El perdón,
ya no fue posible,
y el permiso
de solicitar
aunque fuere,
disentir,
ni siquiera,
se hubo
de permitir

La epopeya
del tiempo,
hizo un pacto
con el viento,
que furioso arrasó

Los glaciares
derritieron,
los bosques
y la fuerza
que otrora,
fuera creada,
sintió
que era su hora
y todo..,
se desplomó

LOCO DEVENIR

El día
ha envejecido,
porque el tiempo,
lo ha dotado
de desdicha

La noche
se muestra
bravía,
porque no
tendrá un mañana

Se convierte
en figuras congeladas,
que sin mesura
se burlan,
que sin premura
se espantan

Se alejan,
se esfuman,
se ablandan

Loco devenir
que poco a poco,
desintegra
la esperanza

Como soldados
marchan
las ánimas,
que tempranas
 pasan
y ríen airosas,
porque
tempestuosas..,
han librado
la cruenta batalla,
desprovista
de sangre y también,
de medallas

MALICIA

Malicia,
con la impericia
de siempre,
hizo pasantías
varios días

Repartió
partituras
y empapeló
el universo,
con distintas
formas,
de osados versos

Sus letras
diversas,
de pocas bondades,
eran usualmente
despreciables

Prevaleció
perversa,
en su trono
de primer actor,
y fue ovacionada,
por cada
interlocutor

Perpetuada
su maligna obra
y siempre primera
en la historia,
adoleció
de memoria,
cuando de bien
se trató.

Arrogante
bizarra,
hidalga
de situaciones,
jamás sabrá
de tiernas
canciones,
o de puras
melodías

Enfurecida,
vive
con su maldad,
no interesan
para ella
las verdaderas
razones,
pues se describe
solemne,
en todo su potencial

AMAINÓ LA ESPERANZA

Amainó..,
el voraz viento
y llovieron
muchas lágrimas

La tierra,
caminó sedienta
y se desplazó
hacia el bosque,
que ardía,
sin lástima

Al tiempo,
le sobraban
horas
y al rencor,
le sobraban
ganas

Al futuro,
le sobraban
drogas
y a la juventud,
le faltaban
enseñanzas

Se succionó
la alegría
y se transmutó,
la mañana

Un dolor
nauseabundo,
moribundo
de pronto,
empañó la calma

El río...,
arrasó viviendas,
los cimientos
cedieron
y la escasez de piedad,
amainó..,
la esperanza

ÁNGEL DE LA GUARDA

Golpe
de voces
inusuales,
que el velo
de la noche ,
descubre

Cofradías
y legiones
profieren
sermones
e imparten
mensajes
de bravura,
tocando el borde
de la locura

De pronto,
una luz intensa
que desde la lejanía
aparece..,
amortigua
y llena de calidez
la morada,
que yace
impertérrita,
ante tal ...
circunstancia

Voces
de muchos,
de todos
y ninguno,
que gritan
y discurren
en aquella casa
buscando
acuerdos,
que lerdos..,
no bastan

Pero
al cabo
de un momento,
esa luz,
que parecía
imaginaria,
se cubre
de un brillo
más intenso
y baja

Es un ángel
de la guarda
que con instrucciones
precisas llega,
para traer
esperanza

EL HUECO

Un hueco
de nostalgia
y en el centro,
el olvido

Colores raídos,
amores sin flores,
como perdidos
sin lunas,
sin soles
y un largo
camino

Avasalla
la realidad,
que impregnada
de tristeza,
se viste de rara
ante tanta impureza,
ante tanta pobreza,
carente de dignidad

Cuando
el corazón cansado,
de solicitar caridad,
sepa
que ya no siente,
ni dolor,
ni desamor

Ese preciso día...
se oirá una queja,
que desgarre

Y el abandono
infectado,
será habitado
por los gusanos,
que no son más
que despojos..,
de nosotros
los humanos

LE ESCRIBO AL AMOR

Y le escribo
al amor,
así.., de repente

Amor
raído,
amor
cansado,
de tanto esperar,
te he olvidado
y de tanto
soñar,
te he perdido

A veces..,
te pienso
con sigilo
y tanta precaución
me perjudica

Porque,
el miedo,
erradica la ternura

Y prevalece
en el contenido,
el lodo
de tu amargura

Si más audaz,
si más pura,
me alejo,
del deseo
de beberte

Todo mi ser..,
se parece,
a una tarde
sin mañana
y a la lluvia,
cuando apenas
es agua.

LA POESÍA

....

La poesía,
nació con los juglares
que le cantaron
al amor, al dolor
y a los avatares

Es el relato
del amor
para los jóvenes
y el alegato
del dolor,
para los grandes

Abrió caminos
tan inhóspitos,
como inimaginables

Ella maneja
el destino
como le plazca,
y aunque otra,
generación nazca,
nunca perderá
su sentido

Puede
elevar el espíritu
hasta el mismo
cielo,
llenar espacios
en el desvelo,
lamentarse
sin desconsuelo,
y alegrarse
con la esperanza

La poesía
es pasado,
presente
y futuro,
atraviesa mundos
de misterios,
le sonríe
a la tristeza
y deja a su paso,
historias
que escritas,
quedarán
en la memoria,
de todo aquél,
que de algún modo…,
'la ejercita'

RESPIRO EL MISMO AIRE

Hoy
respiro
el mismo aire
de los felices,
mis estrellas,
ya no tienen
cicatrices
y la lluvia,
es apenas,
agua que moja

El amor sincero
que empero
infrecuente,
sale del agujero
y se sumerge
en la fuente

Salta
y grita de alegría,
erradica el temor
y se bebe
la ternura

El dolor
aunque fecundo,
hoy moribundo,
toma un respiro

Mi mirada
hoy distingue,
tiene brillo propio

La tierra
camina segura,
hoy ha cesado
la amargura
y el sueño,
tiene dueño hoy'

SE SUSCITÓ UNA MAÑANA

Se suscitó
una mañana,
llena de ganas

Del cielo
colgaban harapos,
a manera
de trapos

Descontrolados
caían
sobre la soga,
donde la ropa
secaba

Arrebatados,
relataban
crónicas de olvido,
de un pasado
contenido
de burlas
alegres,
de burdos
placeres
y de estrepitosos
amaneceres

Ansiosos
de céspedes
lustrosos,
reflejaban gustosos
a las almas
que habitaban lustros,
de otros tiempos

Seres
que olvidados,
bañaron de sudor
el viento frágil,
que otrora ágil,
una tregua diera

SUEÑO

Un más allá
tan incierto,
como el musgo
y el silencio,
procurará
despertar mañana,
el sueño,
de eternidad

Tal vez…,
bajará de una rama
y el árbol,
marchitará

Las pupilas,
desatarán torrentes
de historias,
que almacenadas
en la memoria,
de pronto
reflotarán

Para llenar
el vacío
de esa impronta
tonta,
denominada
soledad

Con rabia,
subastará
el misterio
y correrá su velo,
para su vuelo
alcanzar

Y con dolor,
verá
que no crece,
que queda
por la mitad,
y que a veces..,
perece
sin alguna piedad

SECUELAS

Secuelas
que dejaron,
en lo profundo
del alma,
los fracasos
asistidos
por algunos..,
que hacen
pactos
con la nada

Placeres,
convertidos
en pesares,
alegrías
que se llevaron
los mares,
esperanzas
que explotaron,
antes
de su llegada

Valientes
aquéllos,
que soportaron
airosos,

de pie…
estoicos
y sin quejarse,
de la vida
y de su trama

Drama
vertiginoso,
de pensar
en lo lejano,
si parece
que hace instantes
y pensar,
que fueron
años

TOCAR EL CIELO

Tocar el cielo
y saber,
que jamás,
lo habrás
de tener

Es como
jugar
con el viento,
querer atraparlo
en tus manos,
vencer su desafío,
que bravío
se va

Se esfuma
a su antojo,
porque
tiene libertad

Puede...,
elegir su destino,
o para donde va
y ni lerdo,
ni perezoso,
se despide
sin piedad

Ni el cielo,
ni el viento
nos pertenecen,
así sucede,
con los seres
que amamos..,
algunos
se marchan
a otros destinos..,
y otros...,
a la eternidad

TOQUE DE QUEDA

Toque de queda.,
prohibido
el gozo....,
toque de queda,
forzoso

Se prohibe
la alegría,
y también,
la felicidad
y si se sorprende
a alguna persona,
que actúe
en clandestinidad,
se castigará
por ello,
con toda
 agresividad

Se prohiben
los sueños,
y también...,
toda posibilidad

Esta ley
ya está aprobada
y aunque,
ya ha sido vetada,
nadie la habrá
de cambiar

Es preciso
concientizar
al triste,
al pobre,
al que mucho tiene,
y al que de amor
carece,
porque esta ley
crece,
a toda velocidad

VÍSPERAS

Vísperas
de nada
se avecinan
y crujen
las maderas
hinchadas,
las que anuncian,
melodiosas
que despertó
la mañana

La almohada,
grita de dolor
y causa estupor
la soledad
y el silencio
de la casa

Víspera
de festejar
en familia,
un largo..,
fin de semana

Entonces...,
bueno sería,
invitar
a los fantasmas,

para recordar
soles perdidos
y amaneceres
de esperanza

Familia
sin integrantes,
felicidad
que no alcanza,
y como rol
protagónico,
un témpano
dibujado
y un futuro
asustado
de cicatrices
en el alma

VI TANTAS COSAS

Ví pasar
los sueños
vestidos de largo
y pisar
los recuerdos,
con los tacos altos

Vi subirse
a la cumbre
el anhelo,
y estallar
en un destello,
el mar a manera
de piñata

Vi voces...,
pasar y arañar
la tierra
y escarbar,
las lágrimas
que hundidas,
se asemejaban
a perlas enlodadas

Vi pasar
al enemigo,
y al agravio..,
y al sabio
que reprimido,

huyó de todo
y vencido

Vi…,
la injusticia
caminando
con audacia
y a la pericia…,
junto
a la perspicacia

Vi tantas cosas
amigos,
que ya no quiero
ver nada

A MI QUERIDO ABUELO

Como olvidarte
mi querido abuelo,
te veo irradiando luz,
como la luna misma,
o dando el calor
de una fogata......

Te veo,
mientras
la Biblia leías,
prodigándole
caricias

Pasaron
tantos años
que no nos vemos...,
porqué será
que ahora
más te recuerdo?

Será porque
ahora
mas cerca te siento?
será que la brecha
que antes
nos separaba,
ahora más que nunca
nos juntara,

pues se acortaron
los tiempos,
sin que yo lo notara?

Siempre
callado,
solo hablabas
con tus ojos,
del color del mismo
cielo

Siempre
en el silencio
con tus sentidos
pesares y sentimientos

Seguramente
evocando
momentos
que nosotros
desconocíamos,
porque
no te comprendíamos
"mi queridísimo abuelo"

AQUÍ YACE

Aquí yace,
la lucha
que descansa
y la garra,
que desgarra

Aquí yace,
lo que hubiera
intentado
la siguiente
mañana,
de sus canas

Aquí,
la que quiso
y no pudo,
la que hubo
intentado,
sin obtener,
resultado

Aquí,
la miseria
sin misericordia,
invadida
por la escoria
de la que pasó
por aquí..,

sin penas,
sin gloria

Acullá,
si la hubiera....,
la memoria,
que llena
de historias
escondidas
ganaron la gloria,
sin ser oídas

BOSTEZAR DOLOR
Y VOMITAR PLACER

Burbujas,
de noche
de brujas

Escobas,
que bailan
arrebatadas
y noches
estrelladas...,
que esperan

Los lobos
aúllan..
y los perros,
ladran inquietos

Los fogones,
muestran
las cenizas,
de lo que ha sido
una hoguera

Las casas,
desnudas
de pintura
y llenas
de sombra,
lloran
de olvido

Mientras...,
el chirrido
de las puertas
emite,
raros sonidos

Las plazas,
están vacías
de niños
y llenas
de extrañas voces
que gritan

Retumban,
los recuerdos
y renacen lerdos,
los ayeres
de miserias

Ríen...
aquéllos seres,
que audaces
a las miradas,
bostezan el dolor,
vomitan el placer
y luego duermen,
sin ningún temor

CIELOS, FLORES Y MISTERIOS

Nace
la vida
y luego perece,
nace la mentira
y luego crece

Y la impronta
de la farsa,
se disfraza
de piadosa
y melodiosa,
acompaña

Las flores
se esconden,
los cielos
se alcanzan
y parecen
vivas,
las mismas
guirnaldas

Las luciérnagas
no alumbran,
desconfían
de la noche,
que yace
apagada

Y allá lejos,
una aguada
torrentosa,
que briosa
se acerca,
para quemar
mil etapas

Y
un más allá
tan cierto..,
como
el musgo
de la mañana

CUANDO SE ENCIENDE LA NOCHE

Cuando
se enciende
la noche,
y el sol,
se declara
ausente,
culmina el día,
de repente..

Entonces….,
los flashes
convergen,
los fantasmas
vuelven,
y las crudas
proclamas,
emergen

Se acurrucan….,
se colocan
en posición fetal
y sus miradas,
se tiñen de negro

Y el sueño
de invierno,
se viste
de infierno,
para verlos
pasar

Presencia
de seres
muy queridos,
que temiendo
el olvido,
decidieron
regresar

CANAS

Canas,
que plasmaron
en su rostro,
añosas huellas
de una vida
ajetreada

Brisa,
que bronceó
aquélla mañana
de sonrisas,
que con prisa,
se alejaba

Pisadas,
que convergían
silenciosas
y en puntas de pie,
caminaban

Marcharse,
para negar
el pasado,
diluirse,
hasta sentirse
olvidado

Confundirse
con el infinito
Universo,
cerrando
un ciclo marchito,
que aunque
erudito...,
finalizado

ELLA…., SE PREGUNTA

Ella….,
se pregunta
si los sueños,
preceden
a la esperanza,
o es que tal vez,
perecieron?,
o es que llegarán
a ultranza?

Que son los sueños?
perecen
como nosotros,
cuando de vivir
se cansan?

O son tal vez,
hechiceros
que murieron
en sus trampas?

Sin besos
y mal vestidos,
se sugieren
desnutridos,
y es por eso
que no crecen?

Tantas respuestas,
se definen así...,
como propuesta

Los sueños son....,
como niños
caprichosos,
que a veces
dichosos,
que a veces
miedosos
y otras tantas...,
atrevidos

EL PARAPENTE

El parapente
gordinflón,
comenzó
a caer de repente,
a manera
de arco iris
deshilachado

Su ropaje
desmembrado,
irrumpía
en el ocaso
de fuego
y misterio

Mientras …,
en el hemisferio
se golpeaba
el aire,
dando
cimbronazos,
para convertirse
en pedazos

Los chispazos
convertidos
en cenizas
se mimetizaban
de cielo

Y precarias
plegarias
se transformaban
en grandes dosis,
de fuego eterno

Alas
quebradas,
brisas
calmadas,
y un nuevo comienzo..,
a partir de mañana

ENTRE LAS SOMBRAS

Trató
de ver,
su esqueleto
vivo,
que esquivo
se movía,
entre las sombras

Escombros
encontró,
de una vida
pasada,
convertidos
en cenizas
encofradas

Y….,
miserias
contenidas
en frascos,
rotulados
con nombres
tan desgraciados
como la misma
desgracia

En la lectura,
la locura
sin luz,
la oscuridad,
sin remedio

Y en el medio,
un espacio
olvidado
que espera

Y un grito áspero
de dolor,
que provoca
escozor
y desespera

ENVEJECER OLVIDADO

Envejecer
olvidado,
es sentirse
condenado
a morir,
de forma
subrepticia

Sin fingir
ni esperar
lo no otorgado,
sin permanecer
sentado,
esperando….
lo que nunca llega,
lo que ya…,
no se espera

Viejo
y abandonado
significa:
fracasado

Sin importar
el presente,
nada le impone
el futuro

Que importa
si se redujo
el tapujo,
de ocasiones
que peculiares…
que nauseabundas,
pactaron
con este mundo
que inmundo…,
está repleto
de olvidos

YA NADA ES IGUAL

Ya nada es igual,
cuando se abre
la ventana,
porque
la luz del sol..,
emana
un raro brillo
cansino

Una ráfaga
de viento
veterana,
deja caer
los cerezos frescos,
que impregnaban
de amor
esas mañanas

El cepillo
de la casa
ya no baila,
el sillón
no se menea,
y el vino…,
se ha puesto
rancio

Y el abandono
produce inquietud,
como única virtud
de la casa
y el cansancio

EL VACÍO

El vacío
se presentó
apresurado,
porque
desmesurado,
el señor frío….,
congeló
los susurros,
que otrora,
sus oídos
escucharan

Se declaró
ausente
de tibieza
y vagó,
buscando
el abrigo,
que la vida
le quitara

Caminó
por un desierto,
desprovisto
de esmeraldas
y ni siquiera
una fuente…,
con un poquito
de agua

Entonces..
comprendió
que su presencia,
aquélla
que un día
ahuyentara,
ahora….
y a pesar de todo,
sin esperanza
quedara

EL ARRULLO

El arrullo
de los árboles
y el murmullo
de los pájaros,
se descubren
inmediatos

El crepúsculo
expectante,
trata de abrir
el picaporte,
para ingresar
a esa casa
nefasta,
vestida de frío

Los utensilios
danzan
confundidos,
suspendidos
en el aire
del olvido

La cama,
espera vacía
la llegada
apresurada
que cambie
la calma,

y alborote
el albedrío

La pena siente,
la condena
del hastío

La tierra
devora y asfixia,
mientras…,
el viento ofrece,
las migajas,
de su oxígeno
caliente,
con la malicia
y el desparpajo,
que disfrazados
de harapos,
se desperdician

LA NADA Y LA BRISA

Salió
el silencio
por la puerta
y se escurrió
la alegría,
por aquélla
ventana,
que se encontraba
abierta

El ocaso
perecía
y la nada
y la brisa,
muertas
de risa,
se burlaban

Corría
la gente,
sin dirección,
sin sentido,
mientras
un sillón mullido,
se hamacaba

Gritaba
el camino,
porque lo pisoteaban
y moría
la noche
ebria de dolor,
porque el amor
se fugaba

Mientras...,
la maldad
endemoniada,
cubría
su rostro,
entre sábanas
blancas

LLEGAR E IRSE

Llegar
sin nada,
luchar….,
por todo

Perder
para comprender,
pelear
para resistir,
a veces,
con ganas
de morir,
pero tener
que seguir

Círculo vicioso
de la nada
y un final,
que otra vez…,
nos llama

Qué hicimos,
cuando
estuvimos?

Qué sentimos,
qué fingimos?
cuando un dejo
de esperanza
sobrevino

Qué pensaremos
cuando sepamos?
que otra vez
nos iremos,
para poder
regresar

Tal vez..,
a pagar
lo que debemos,
tal vez…,
para poderlo
cambiar

LA PLAZA FECUNDA

En aquella
 plaza fecunda
que engendró
el encuentro,
convergieron
las sombras,
vestidas
de negro

Quejosas,
desesperadas,
como ráfagas
esmeriladas
de nubes saciadas
de gotas
de viento

Cada palabra
un enigma....,
un oyente
que respira inerte,
y el aire misterioso
de la misma
muerte

Sentires
arraigados
Y briosos,
que culposos
se desplazan

Y como broche
final….,
de testigo
'La Plaza'

BÚSQUEDA

Búsqueda
de notorias
ilusiones
y de sueños,
que cuelgan
de los balcones

Musas
que se inyectan
en las venas,
la loca locura
de evadir
las penas

Alma,
que bañada
de estrellas,
se tiñe
de lunas,
para seguir
sus huellas

Amor…,
que se disfraza
de columna
vertebral,
de flor,
de jardín,
de primavera,

como algo vital,
para endulzar
la espera

Gritos
de esperanza
que avanzan,
en grandes
carruajes,
colmados
de nostalgia

LA PÉRGOLA

La pérgola
acongojada,
sufría el dejo
del tiempo
que la abandonara

Un tétrico
Silencio,
sólo
la acompañaba
y la enojaba
la ausencia
que otrora,
no fuera

En aquél
sagrado lugar,
se prodigaba
el amor,
se balbuceaba
el dolor
y las penas,
se olvidaban

Nada
es para siempre,
triste se dijo,
y el viento,
fingió el rigor,
de lo obsoleto

Luego…..,
profirió
un discurso
escueto,
repleto
de misterio

Y
otra vez….,
silencio
y soledad,
y otra vez….,
su deambular,
poco singular,
merodeando
el hemisferio

MISTERIO

En letargo,
duerme
el misterio
de lo eterno

Los sueños
tiernos,
con los ojos
cerrados,
atrapados
encierran
sabiduría
y llevan dentro,
energía
embalsamada,
que guardan
aquéllos…,
dentro
de su alma

Mientras,
la vida crece
y el martirio
permanece,
sus cuerpos
inmóviles
esperan
el arribo,

de todos
sus afectos,
los que uno
a uno,
arribarán,
en algún
momento

Nobleza
cruda,
de esas almas
traviesas,
que llevan
grabadas
en la memoria,
cruentos días
de historias
pasadas,
de improntas
tontas
y de situaciones
osadas

PALABRAS NO GENUINAS

El rigor
de las palabras
no genuinas,
muchas veces
nos lastima….,
ocasionando
profundas heridas
en el alma

Cuando
el odio
se amalgama,
el dolor
se esparce
y su llama
se inflama

Empalidece
el sol,
que sin resplandor
perece

Se descubre
que los sueños
que fueran
escritos,
muertos y allanados,
quedaron aprisionados,

en un hueco
 profundo,
de una feroz
nostalgia

Y así…, fallece
la magia,
que merece
perspicacia

Y así…se desperdicia,
la carencia
de caricias,
que hábiles,
se disfrazan

RETOÑO

Risueño,
se llevará
el silencio,
y reirá
muy fuerte,
con la negación
que produce,
el desprecio
del inerte

Vestirá
de andrajos,
de todos
los tiempos
y escogerá
sus ropas,
que adornará
con flecos

Descubrirá,
que su hora
al fin
ha llegado,
y junto
a la primavera,
una caja
que lustrosa,
espera

También..,
habrá de ver
una palma
con un gran moño,
de color violeta,
con letras
doradas,
y flores esbeltas

Y luego….,
felíz estará
de volver
a encontrarse,
con su retoño,
que impaciente,
desespera

SUBIR Y BAJAR

Hoy…,
has de estar
muy arriba
porque el destino
lo quiso
y mañana..,
has de estar
muy abajo
porque la vida,
así lo hizo

Es necesario
aprender
que nada
es para siempre
y que
el todo de hoy,
es la nada
del mañana

Y
cuando crezcas..,
y luego,
pertenezcas,
a esas clases
relegadas,
comprenderás
que el estar arriba,
no te ha servido
de nada

Porque
has bajado de golpe
como si fuera
una espada..,
es la espada
de Damocles,
que se ha venido
en bajada,
para enseñarte
su ira..,
cuando menos
lo esperabas

SENTIMIENTOS DE OTOÑO

Sentimientos
de hojas secas,
con rocío
de nostalgias

Y recuerdos
marchitados,
de tiempos
que ya
no aguardan

Gritos
interiores,
de crueles
desesperanzas

Rechazo
a los seres
vivientes…,
que merodean
la casa

Fechas
que se eluden
y días de cárcel,
que tras las rejas,
reclaman

Y un corazón
perezoso,
que a la sazón
descansa

Y el miedo
que suspira
y el terror
que resbala

SU PÁLIDO ROSTRO

Su pálido rostro
de color
mortecino,
lucía desdichado,
preocupado
y cansino

Sentado
en un banco
de plaza,
su cuerpo amorfo,
se balanceaba

Con la mirada
absorta y lejana,
de un futuro
sin mañana,
y un presente
de dudas,
desposeído
de calma

En el aire,
flotaba su banco,
hasta posarse
en una nube
perfumada

Luego…,
desde allí
se percatara,
que sus pasos,
no dejaban
huellas
y que la divisible
llovizna,
como el misterio
de la vida misma,
humedecía
sus blancos cabellos,
aún cuando vagara….,
aún sin saber…,
en qué lugar
se encontraba

AMOR, SIGUE DE LARGO

Ya
no importas amor,
sigue de largo,
el corazón
se encuentra
adormecido,
y en franco
letargo

Nada
ayuda a palear
el olvido
y el silencio llama
y es testigo,
de un fruto
de escasa migaja

Hasta el buzón
silva,
abre su boca
y bosteza,
y le grita
en su pereza
a la gente,
que por allí pasa

Para ver
si alguien
lo escucha
y deposita
una carta

Pero,
no importa amor,
no te preocupes,
hay otras formas
de amar
que también
se han de dar
y que alimentan
el alma

Y ese amor,
todavía se encuentra,
dentro de las mismas
entrañas

NO DESEO SABER

No deseo
saber
como hubiera sido,
si mas hubiera
vivido

Si
una canasta
llena
de olvido,
o un jarrón
repleto de flores
multicolores,
de un perfume
infinito,
siempre florecido

O...,
tanto amor
hubiera dado
paso
al olvido

Y
si el dolor,
que provocara
ese gran amor,
luego,

se hubiera
por siempre
perdido?

Como ahora..,
que perdido,
se recuerda
como amor

Que mezclado
con dolor,
se escapa
del buen sentido

Si amor,
Si dolor,
Si.......olvido

UNA VOZ RONCA

Una voz
ronca,
atravesó
el silencio

Y penetró
en el alma
del hemisferio,
que escondida
yacía
del mundo,
que permanecía
en el tiempo

Esa voz,
erizaba
el cuerpo
y circundaba
momentos,
que producían
calambres
como dulces
destellos
que no sabiendo
si ser bellos,
se alcanzaban

Impartía
órdenes,
reglamentaba
sueños
y dejaba
establecidas
esperanzas.,
de no dejar morir
las ilusiones,
aún ...,
cuando las lágrimas
luego,
asomaran

Aún,
cuando
las razones
no perduraran,
aún
sin pensar,
que se vendría...,
otra mañana

LA HUMILDAD

La humildad
es el sostén
de los sabios,
el bastón
de los agravios
y el disfraz
de dromedarios

Es,
de aquéllos
que eligen
la mesura
y no así..,
la premura
de opinar,
si no son invitados

Es, saber,
permanecer
callados,
cuando fuere
necesario,
y saber escuchar,
sin emitir
comentarios

Es,
no conocer
la envidia
y disfrutar…,
de las noches
tibias
del verano

Es,
saber esperar,
aún vencido,
es..,
no hacerse
el distraído,
cuando
hay que extender
una mano

Es,
poder ver
florecer,
la llegada,
de un pujante
amanecer'

CUANDO SOMOS GRANDES

Cuando
somos grandes
aprendemos,
a mirar el cielo
y a rezar
plegarias,
como lo hacían,
nuestros abuelos

Y recordamos,
a Jesús
en nuestros ruegos,
porque él emanó
su luz
y nos entregó
su desvelo

Cuando
somos grandes,
podemos sentir
el viento
que merodea
y nos cuenta,
sus tormentos

Podemos ver..,
en el jardín
jugando
a nuestros seres
mas queridos,
compartiendo
con nosotros,
nuestra casa

El miedo
acosa
y la soledad,
no alcanza

Cuando
somos grandes,
descubrimos...,
que la carrera
contra el tiempo,
'Avanza'

DIMITIÓ EL DOLOR

Lamentó
el fracaso,
consumó
el olvido
y se propuso,
cambiar
su destino

Curó
sus heridas,
le cambió
las vendas,
disfrazó
su cuerpo,
y se fue
de juerga

Traicionado,
y dolorido,
pero no...,
vencido

Arrogante...,
Y dueño
de su propia
vida,
vestido
de verde
y de su innata

hombría

Dimitió
el dolor,
rompió
una piñata
y lo cambió..,
por amor
y alegría

Para todos aquéllos que subestiman, que
no razonan y que lastiman,
que no se miran por dentro, donde el
encuentro lastimero de su
conciencia, se ubica en la
conveniencia....de no desear pensar......

DISCRIMINADO

Ha sido
discriminado,
por tener
bajo perfil

Pobre..,
de aquél alfil,
que se mueve
con sumo cuidado

La carroña
de una elite,
de un puñado
de ignorantes,
sienten sus mentes
brillantes,
pues no saben
discernir

Tan refinados,
tan educados
como necios
despechados,
hacen gala
del desprecio
y urden tramas,

que amalgaman
y ensucian,
la verdadera
humildad

Del inocente..,,
de la pobreza
frecuente,
alimentan
su morbo,
que se convierte
en estorbo,
en miras
de su frialdad

Logias
de incapaces
miserables,
poco audaces,
feroces
y desdeñables

Escudriñan
secretos,
que para ellos..,
loables,
les permiten ser
los dueños..,
de la absoluta
verdad

EL ABISMO

Abandónico
abismo,
producto,
del ostracismo
y la soledad

El que abrió
el camino
y torció
el destino,
el que tuvo...,
un dejo
de maldad

El que dejó
huellas,
de pisadas
cansinas..,
que nunca
se borrarán

El que marcó
la tierra
y quebró
la noche,
el que impartió
reproches,

de cosas
que ya,
no se habrán
de olvidar

Ha de flotar
tu mañana
e irán cayendo
a través
de tu ventana,
lágrimas,
en formas
de rocío
y los delirios,
serán incapaces,
de enfrentar
mordaces,
la áspera
realidad

EL PREGÓN

El pregón
de la calle
maravilla,
sentado
en su silla,
auguraba
noticias varias,
para que se dé
por enterado,
el que por allí,
pasara

Algunas...,
repletas de malicias
y otras marcadas
por la esperanza

Una pancarta
anunciaba...,
hoy ha muerto
el Ruperto...,
el de la casa
rosada

Y.,
señoras
portando abanicos,
lloraban,
gesticulaban

Sus pómulos
se sonrojaban
y tomadas
del brazo,
entre sí
dialogaban

Otra noticia decía ,
que el circo,
también llegaría
y que traería
payasos,
para que a todos
alegrara

La plaza se vestiría,
de flores perfumadas
y adornarían
sus bancos
con relucientes
guirnaldas

Y la muerte
del Ruperto
que hasta hace poco
importara,
ahora...,
un pueblo todo,
le voltearía
la espalda

EL FINAL

Se coaguló
el aire,
en aquel bello,
espacio verde
y las penas
estallaron,
en lágrimas
estridentes

La angustia,
se convirtió
mustia
y se talló
la nostalgia
que se calló
para siempre,
para no decir
mas nada

El cielo,
detonó hielo
que el deshielo
mutiló

Aquel
estoico árbol...
que todo
lo soportaba,

rendido
por el cansancio,
también
se marchitó

Las aves
lloraban,
los zorzales
no cantaban,
el silencio
gritaba histérico
y todo a la vez
pereció

Cuando
los valores
se pierden,
nada
se cierne
a su alrededor

PASOS INADVERTIDOS

Muchos
soles,
muchas
primaveras,
muchos
dolores,
muchas penas

Carruajes
de nostalgia,
carentes
de magia,
para reconocer
albores

Rutas
sin caminos,
sin fe,
sin destino

Familias
sin integrantes,
como trenes
sin vías,
como si el tiempo
no tuviera días

Muchas lluvias,
muchas lunas
y el viento,
que trae pasos
desafiando
el futuro

Pero nadie
los presiente
y marchan
sin ser oídos,
pasan...,
sin ser advertidos

SE LE MANCHÓ LA CARA

Se le manchó
la cara
de arena
y silencio

Y las olas
cortaron,
la velocidad
del viento

Mientras
esa bendita
playa,
le recordaba
a sus muertos

Y
las lágrimas
resbalaban,
llenas
de penosos
lamentos

Y
las rocas
hablaron,
para consolar
sus dolores
y las aguas vivas

y los caracoles
coreaban
acompañados
con arpas,
las más hermosas
canciones

Y
los unicornios,
bajaron
de pronto
y en vuelo
rasante,
alzaron
sus dolores,
para llevarlos
muy lejos
y mitigar....
sus sinsabores

SOLO POR UN MOMENTO

Sólo
por un momento,
finge
ser el viento
y siente
felicidad

Dignifica
la vida,
olvidando
lo cruento,
el odio
y la tiranía
del tiempo

Cambia
la historia,
recuerda
esos días
de gloria

Libra
la batalla,
aunque
parezca inútil,
dando paso
a la bondad

Que
la armonía
reine,
'que reine
la paz'

Dale
de comer
a las palomas
y haz bromas,
con tu necesidad

Y olvida
al egoísta,
que con su gesto
altruista,
es déspota
de su propia
necedad

REMOLCAR LA VIDA

Los bueyes
remolcaban
el carro
y tironeaban,
la vida

Con mitades
de lamentos
y mitades
de alegría

Dejaban
la huella,
en cada partida,
esforzando
sus cuerpos,
con osadía

Tan pesadas
como el viento,
cuando su furia
mostraba

Arrastraban
el lodo
y circundaban
el tiempo…,
de tantas
horas lejanas

Salpicaban
de etéreos,
los pedazos
de lianas
y rellenaban
la tierra,
que siempre
los miraba

BOLSILLO FLACO

Cuando
el bolsillo
es flaco
y los nutrientes
faltan,
los niños mueren…,
porque el dinero,
no alcanza

Y los pobres
padecen
y perecen,
por faltas

Faltas
de todo
y de raciocinio,
de aquél
que todo tiene
y solo llena
sus arcas

Ellos…, viven
como monarcas,
en sus castillos
blindados

Y los otros…,
los pobres
de siempre,
pernoctan,
en agujeros
lloran,
cuando pueden,
y ríen,
cuando reciben
alguna migaja

No conocen
la ternura
y con premura..,
hurtan
con premura..,
matan
con premura
drogan
sus cuerpecitos
sin alma,
porque..,
nada les importa

Sólo..,
que les hace
mucho ruido,
el crujido
de sus dientes
y el sonido
de sus panzas'''

BUCEAR

Bucear
la vida,
ahogar
las penas,
salir a flote
y descubrir
el brote,
que a veces,
se bloquea

Ver,
que por la venas,
fluyen
arenas blancas,
que se trepan
y corren
desquiciadas,
hasta cruzar,
la frontera

Allí..,
un paraíso
escondido,
de aridez
desolada

Allí.,
perlas,
que ancladas,
detestan
su suerte

Y el agua,
que corre
cautelosa,
baña
gelatinosa,
su misma
entraña

HALO DE LUZ

Migraña
que engaña,
con gestos
dolorosos

Abetos,
que mueren
ansiosos,
de pie..,
porque
el agua,
no llega

Árido
Clima,
que se encima
y se detesta,
porque
no hay gesta,
que lo detenga,
ni felicidad,
que se apiade

Invade
el dolor,
que evade
la llegada
de la flor

Transpira,
mientras
suspira
inconveniente

De repente,
un halo
de luz
y…,
una cruz..,
que se pronuncia
ausente

PIDO PERDÓN

Pido perdón
a la vida,
por haber querido,
por haber sufrido,
por haber amado,
por haber errado

Por no haber
entendido,
por haber juzgado

Por no saber
discernir,
por haber
sentenciado,
por no haber
interpretado

Por no haber tratado,
por no llegar a tiempo,
por fracasar..,
en el intento

Por haber
querido volar,
cuando no era
el momento

Por haber ayudado,
a la persona
Incorrecta

Por no valorar,
al que lo merecía
y tener..,
en lo más alto,
al que luego...,
me traicionara

Pido perdón a Dios,
por no haber
aprovechado
y luego...,
haber desechado,
al que hube de ver

Pido perdón
por mis errores,
por no haber
sabido tomar,
las correctas
decisiones

PROPONGO

Propongo
una noche,
plagada
de estrellas

Propongo
mil sueños,
encontrando
a sus dueños
y soles
radiantes,
para los
viajantes

Propongo
alegrías
y lluvias
de esperanzas

Propongo
un mundo
mejor,
pleno de amor

Propongo
utopías
y metáforas verdes,
pájaros trinando
e iguanas
trepando

Propongo
gusanos
cantando
y abuelos
felices

Y que un no'''
a la miseria,
proponga
cosas mas
serias

Que
ondanadas
de riqueza
y de felicidad,
sin pobreza,
traigan piedad,
para tanta
bajeza

IMPORTA?

Importa
que lleve
un negro sombrero,
zapatos naranjas
y cinturón de cuero?

Importa
que llueva,
aunque el ganado,
muera...,
cuando el agua,
no alcanza?

Importa
que al pájaro,
le corten
las alas,
o que mueran
calcinados,
por encender
las bengalas?

Importa
que el árbol,
sea talado
y su sombra
negada?

Importa
si a alguien,
en verdad...,
no le agrada?

Sólo importa,
cuando la avaricia
es mucha..,
cuando las costas
son altas
y cuando las alforjas..,
no están
del todo llenas,
no importa'''
se depreda,
o se subasta

Es la vida
que no basta,
es la flor,
que no descansa
y el desamor
que no alcanza

LA DISTANCIA

La distancia,
es la jurisprudencia
del desamor

Mata
cualquier
sentimiento,
y luego,
llegan lamentos,
que no sirven
de nada

Aumenta
el temor
a la pérdida..
y desconfía
vehemente

Encontrando
en el rencor
todo…..,
lo que se declara
ausente

Adolece
de ternura
y sin compostura,
inventa,
viajes a la locura,

buscándose
un nuevo amor

Se desintegra,
se padece,
se despierta
abrupto..,
de otros sueños

Se compadece
de su pasado
y..,
lo que fuera
amado,
luego ...,
será rechazado,
por temor
a la traición

LA VÍA

La vía….,
muerta
de tanto olvido,
grita de dolor
espantada

Su metal,
oxidado
 y pisoteado,
muestra
las pisadas
corroídas,
mientras…,
recuerda
su gloria…,
y su historia

Tiempos,
de vagones
de lujo,
de citas errantes,
y de muchos
aspirantes
al amor

Cansada
de su destino..,
del capricho
del camino,
huye
sin esperanza

Disminuye,
el sueño
de un milagro
y envuelve
en celofán
todo ese afán ....,
que tuviera
antaño

VENDAVAL

Donde,
las llamas
se extinguen
y el paraíso,
se rinde

Donde,
ya nada existe,
se pueden ver...,
las cenizas
tristes

Y...,
un ratón
que merodea...
buscando...,
hurguetea jugando,
los flagelos...,
que con recelo
se niegan
a ser...,
sus presas

Pero,
muy a su pesar....,
porque saben....,
que de allí,

ya no podrán
escapar

La turbia
neblina,
se convierte
espesa

Y la sombra...,
se viste,
de negra esperanza

Y una noche...,
que se lleva
el vendaval
y que la arrastra

TODOS ESPERAN

Burbujas,
de noche
de brujas

Escobas,
que bailan
arrebatadas
y noches
estrelladas...,
que esperan

Los lobos
aúllan..
y los perros,
ladran inquietos

Los fogones,
muestran
las cenizas,
de lo que ha sido
una hoguera

Las casas,
desnudas
de pintura
y llenas
de sombra,
lloran
el olvido

Mientras...,
el chirrido
de las puertas
emite,
raros sonidos

Las plazas,
están vacías
de niños
y llenas
de extrañas voces
que gritan

Retumban,
los recuerdos muertos
y renacen lerdos
los ayeres
de miserias

Ríen
y gesticulan,
aquéllos seres,
que audaces
a las miradas,
bostezan el dolor,
vomitan el placer
y luego duermen,
sin ningún temor

FELICIDAD

Mezquina
felicidad,
eres,
a veces.,,,,
deidad
y al mismo tiempo,
dañina

Eres,
a veces
peregrina
del misterio,
perfume
de sahumerio
y otras….,
remedio
entre tanta
maldad

Eres,
a veces..,
envidia
y otras,
desidia,
por tu fealdad

Te proclamas
Vencedora,
como caja
de Pandora
y huyes luego,
porque cobarde,
tus genes
delatan tu débil
sobriedad

Pero al fin..,
necesaria
como nutriente
del alma

Llevas
en tu vientre,
la fuerza
del alimento,
el poder,
del mismo viento
y a veces...., somera
cautelosa
y austera
llegas..,
tomando la
redondeada
forma
de la bondad

AVE DE RAPIÑA

Como el ave
de rapiña,
que busca
y pica
y saca ventaja,
así se veía
el pobre,
y no me refiero,
al dinero

Era
tan falso,
el señor,
como una falsa
moneda
crean,
que daba pena,
verlo,
cómo picoteaba

Se le disparaban
los ojos,
se le caía la baba,
y sentía
un gran vacío,
un gran vacío,
en el alma

Pero un día,
de repente,
descubrió,
que en su interior
nada había,
de señor,
porque nada había,
nada¡

Al notar,
que su vida,
nunca habría
de cambiar,
solicitó
a su amigo,
que lo hubiera
de matar

No gozó
del privilegio
y en este mundo
quedó,
como pagando
el pecado,
que en su vida
cometió

EL SILENCIO

El silencio,
quedó atrapado,
en el ruido
y a manera,
de mendigo,
por su libertad,
rogaba

Decía,
que era inaudito,
y profería,
gritos de dolor,
que con temor,
la gente,
escuchaba

Quería..,
caminar,
su propio destino,
manejar,
su libre albedrío,
y desplazarse
lento…,
para ser eterno,
en su franca
escalada

Volteó,
su lánguida
mirada,
y suspiró
su miedo,
a la nada

Evadió,
su propio dolor,
y aspiró terror,
en aquella,
situación
tan rara

Con
su nariz,
colorada de ira,
se propuso
olvidar su tristeza

Porque..,
la simpleza
de su poderío,
era erudita,
y tan infinita..,
como jamás,
superada

ÍNDICE

www.ingramcontent.com/pod-product-compliance
Lightning Source LLC
LaVergne TN
LVHW051640080426
835511LV00016B/2418